Toegiften

WIJNAND STEEMERS
Toegiften

bokeh ✳

© Wijnand Steemers, 2016

© Bokeh, 2016

Leiden, NEDERLAND
www.bokehpress.com

ISBN 978-94-91515-55-2

Omslagafbeelding: Aquarel door Bhawani Das, *circa* 1777-1783
Wellcome Library, Londen

voor Alize

Sonnetten

1

schrijven is verliezen – elk gedicht een offer
aan de wind: een ballon zonder retouradres –
alleen geadresseerd aan wie – na zijn ontploffen –
het in haar vreemd land vindt – waar de fles

met zijn brief – in hun tweemaster – geen wrak! –
al jaren wachtte – om te worden ontkurkt –
laat mij niet lachen, sneren cynici die lak
aan dat bootje mogen smeren – terwijl zij hurkt

voor zijn brief – in de lichtblauwe luchtenvelop –
(zijn letters blijven nat) die zij alleen kan lezen:
scherven van het visioen dat het jongetje ooit had

toen haar gelaat uit een medaillon met zilverknop
boven zijn deken uitrees – boven zijn hoofd zweefde,
als nam zij voorgoed uit tijd en ruimte een hap

2

«roem mij» – ik gaf mij aan haar over – zij
ontving mij – ernst knetterde lustig – in haar
bootje voor slechts twee inzittenden – water
klotste tegen onze knieën – een unieke vrouw

die zulk klotsen fijn aanvoelt, namelijk als
klotsen – zo raakten wij los – van het laffe
vasteland – sterren sidderden in onze
oogappels, wij hun pupillen – als je – lang

– naar iemand mag kijken vergeet je wie
je zelf bent – de ene ster hoestte zachtjes –
de andere slikte – een vrouw van wie

de roep een bevel is: «roem mij», brozer
dan een vlinder die zijn schoonheid uitklapt
is haar gelaat aan mijn blik ontsprongen

3

makelaars in escapisme! – tochtige jonkvrouwen,
uitgekniel op geknakte viooltjes – de gevarenzone
– intussen – vomeren boze geesten op gymschoenen,
pelt preutsheid haar baaien rokken af – duelleren

tranen met juwelen – aanslag op onze glimlach –
om de beslistheid van beslissingen – in die keuken
was je eindeloos borden af – barsten erkers naar
buiten – in de wastobbe van een lied met geestelijke

beperking – caramboleer je – tegen de *showboat*
met in het vooronder geëtaleerde roltrappende ogen
– of in vlooientheaters noodruftige woordspray?

visie verkijkt zich aan de kijker die niet kijken wil –
de studie van de grammatica van de wind – terwijl
zijn zitzak – *diesseits* zijn neuspunt – ineenzijgt

4

de nieuwste poëzie rijdt op wieltjes – zeg niet
dat dit niet waar is: zie, haar laadklep staat
wijdopen, hoor haar toeteren langs de regels –
rode knipperlichten geven aan dat er gevaar

dreigt voor wie op de rem trapt: kijk, spookrijders
hebben voorrang, hoor, arenlezers knielen voor
bijrijders in de berm – wacht niet tot de rode lichten
doven! – achterklap, laat uw hulpdienst maar komen

– witte wegstrepen lopen steil naar boven
de wolken in – krijtwitte rijmstroken – alsmede
gillende sirenes van dichteressen die

op lollies zuigen – als op microfonemen –
haar angstversjes gieren okselfris langs snelweg
de Vergetelheid – met een Parking voor filelyriek

5

het is geen ding – zwart
blakert het van schrik, ontspint
zich – van einde naar begin –
koud vuur, guur van hart

het breidt zich uit – in tijd
en ruimte – soms er bovenuit –
zonder afvoerput of tuit –
toch stroomt het – ook in ijstijd

sterven kan het niet – zijn tragiek –
het schuurt – het schaaft – het eist
waar het ooit streelde als muziek

ware het een ding, was het wit –
en opgelucht – ontspon het zich
van begin tot eind – gaf het licht

6

omdat ik – op onzekere momenten – genoeg
van mijzelf had: de beweegreden bewoog – over-
speelde mijn droomblik de hare – zonder grond
– (geliefden komen tot aanraking doordat zij

aan het wederzijds elkaar zien niet genoeg
hebben) – zich in elkaar spiegelende spiegels
die elkaar opzadelen met betekenissen – zoals
je door achtergevel (of achterhoofd) benieuwd

bent (voorgevoel) naar dit gelaat (voorgevel met
klink – lopers uitgelegd!): één blik, van lood, om
dit moment te solderen: wie ontroerder is dan

hij spreken kan stikt in teveel gezegdes – tijd is
een onrustig bed – in afscheid weerklinken nog
gefluisterde rozen na en de naknars van grind

7

zweef ik – onder
de vijfde – boven
de derde – zonder
oorzaak – zonder

bodem – knieval
– vierkantig hoofd –
tongladder – toonloos
– in twijgtijd

– boven stamtijden –
in curve – watloos –
wondloos, ontworteld

van lof – ach
eden – boven
mijn hof?

8

ja, tambour-maître loopt voor *maar* uit: *sub-*
baart *object* – de enige zin? – bijwoorden bepalen
af- , toe- en opstand – raffelen regels af die balen
regelmatig – verlaten – ongeregeld – de club,

opgezwollen debatten – maar, telkens schrok
de *punt* van zichzelf, zodra, ergens, een *persoon*
zich *vormde*, en – uitgestelde executie – *en bloc*
stierf met de *imperatief* – 's werelds loon? –

woorden zweren – bij de bloeddorstige aderen
van hun donoren: kraamverplegers met trukendozen
in hun wijwaterrijk dat europa wil herkerstenen –

agendapunt! (zulke generaties willen vergaderen)
– in ons kraaienest, *asylum*, printen goddelozen
kopieën van mijn darmen in hun hersenen

9

heb jij een doel? – (*want je kon nooit verdwalen*) –
waar je wezen wilt daar ben je al – al liepen
er rode draden – waarlangs is niet te achterhalen
– volg je zo'n draad ontmoet je onthoofde typen

op het maaiveld – waar het mijden van voetzoekers
zoveel tijd kost, dat je je bij voorbaat terugtrekt
op jezelf – even onbereikbaar doel – maar kloeker –
droomkasteel waarin tijd jokt, stokt of zich uitrekt –

je oefent je in wachten om geestdoden teleur te stellen
– als nachtwaker draag je een helm met nachtkaarsen,
zodat de *unhappy many* met hun onedelere delen –

nooit te moe om te versmachten – je willen vergezellen
naar de hoogvlakte waarop je in dromerige verte staren
uitlicht wat die doelbewusten openlijk verhelen!

10

ooit moet iets tegendraads in haar ontwaakt
zijn – *maelstroom* aan aversies, contramines –
gewond oogt ze – is nooit ondiep geraakt –
haar verbeelding produceert vooral lawines

zwarte sneeuw – intussen skiënd door witte
wanen – peilt zij hoe diep – meet – o zo maf
wie haar doorboorden – fluks aan haarzelf af –
schept niet op wat zij uitgroef of omspitte:

de tweede onschuld van een blode bruid?
– ontsnapt aan de wereld van nullen & getallen
of rondspetterende letters? – zo blijft zij gaaf –

gedachten laat zij als buurman zijn honden uit
– iedere avond flaneert zij in andere heelallen –
verdwaald van huis – zeurt ze hoogbegaafd

11

tel je etages – zoek – berging – controleer
de leiding – neem de lift – (*er is niemand
met een onvoldragen ik*) – per etage omhoog
– daar verwijlen – stijg naar drie – je hand

aan de knop – overweeg: naar de vierde?
– de alarmknop – gloeit op – stijg door – je
plafond – sta of zit – buit jezelf uit – deze
schacht is stiller dan je uitgeschoven wil –

hoog gefluit – stil – je honger – ontvouw
– de vleugels aan je schouders – groei –
boven jezelf – uit – breek uit je dak –

maar – oefen eerst – je vleugelspieren
– zweef – in – vreesloze – ruimteloosheid –
schrijf pas neer als je stof is ingedaald

12

wij zaten – rond kaarsen – tijd te verdruipen
– vers ochtendlicht te verpeulen – canapérijp –
gespannen – in afwachting van ontbindende
ceinturen – en factoren – zijden kousen adem

te benemen – terwijl donderwolken voorbij-
stoven – struikelblokken langsdreven – en wij,
in onaangekondigde afgronden – feestend,
verheven aan het leven klevend – tot aan haar

pruilende monden – en zij? – zij schatten ons
in – op potentie – instinct – intellect (dachten
wij, tot besluit) – in dienst van haar fantasie

calculerend wie – van de top drie – dieper mocht
doordringen – tot in haar zachtste geheugen-
schijf: haar eerste liefde – postuum aanbeden

13

kamer > pashok: óf ik er ben – ook als
ik er was – of niet – in de verte: boomslag,
(19e-eeuws) stroompje neemt bocht, wals,
inzicht be- – geert van velde – terwijl ik lag,

viste visser mijn kamer leeg – daaronder
neemt moeder mij op haar arm – voor
de lens – [foto = wachten] – toch zonder
dat vader bezwijkt – aan jaloezie? – door

de lens? – tegelpad zoent zolen – rechts:
daar is moeder! – immer in matrozenkraag
pareloort ze in volle ernst – vanaf haar kopie

kijkt ze schuins – zie! – *ja, ik kijk!* – slechts
tegen boekenruggen op – tegen (tegenvraag):
is er nog altijd een kamer leeg die – – – ?

14

wat je zegt ben je niet zelf – dus zeg
ik liever niks – ik weet ook wel dat ik
met woorden geen paarlemoer inleg –
jouw schubben – mijn tastzin, schat ik,

hoeft je niet eens aan te raken wil je
mij wederkerig raken – klinkt simpel,
zeker – zodra onze polen aanstaan stil je
elkaars leegte – liefde met een wimpel

die wappert in de holte van ons heelal –
spreek je dezelfde taal – een *esperanto*
voor twee zielen die elkaar oppoken

of – bij uitval – meesleuren in hun val
– in de hogere registers een *bel canto*,
in de lagere: trainerende hersenspoken

15

«ik weet niet – wat ik maak – als ik iets maak
– omdat ik het niet weet – houd ik er veel van –
ik kan ook niet koken – ik koop soms of te vaak
iets – links of rechts – smijt dat in de steelpan

waarin – altijd plotseling – sterren sissend blinken
– mijn saus – geheim recept – erbij – kort knap ont-
roeren! – zodat hun trillichtjes onbezwaard zinken
– *(eine kleine nachtmusik?)*» tegen een fond

van hoog vuur! – *(kon mozart eigenlijk koken?)* –
of hield constance het vuur onder controle, zodat hij
doorcomponeerde (met zijn hoofd erbij) waarvoor

zij zich eerst naast hem vlijde – om hem op te stoken –
(is het vlees niet door en door gaar is niemand blij) –
vertel mij wat nodig is voor een absoluut gehoor!

16

er is weer eens werk van wie-doet-er-niet-toe
(te zien in de hippe galerie je-weet-maar-nooit) –
door critici tot in de haarvaten uitgevlooid
– het publiek is bij eerste aanblik al moe –

de gezelligste man in deze stad te vinden die
de mondharp speelt – voor het informeel tintje –
dobbelsteentjes kaas – ahawijn – of fris voor wie
meewaait met de hypermodernste winden

uit de kwekklep: kunstenaar expliceert *twiet twiet*
in alle eenvoud zijn gedurfde ongemakken impliciet
– kunst is vooral voor kunstenaars broodnodig, niet?

ik zweeg – welwillend – als een brok graniet
met punthoofd dat la gioconda met één tiet neuriet
– ik was verkocht toen ik de galerie verliet

17

oude dichter – *eens* tot de voorhoede
behorend – *nu* tot de avant-garde der
senioren – *eens* samenballing van
explosieve energie – *nu* avondlijke

balling – zonder synergie – *eens* spons
– alle zintuigen op scherp – diep – als
een echoput – echo's spiralend naar
papier – *nu* sloffend door een gang

met aquarellen van parvenu's – *eens*
vonkend van geniale invallen – omstraald
door nimfijnen – *thans* een diamant

met slechts één facet – waarin de zachte
flonkeringen van zijn ogen verglijden naar
zijn middelpunt: medelijden *verboden*

18

voelen, mijne heren, bezit de kleur van water
– en denken – voel ik – bezit een bruine aanslag –
zo is bewegen olijfgroen – in het midden – zoals
lopen door bostafrelen ons voorgoed ontgroent –

schrijnt daarom – heren van oprechte manipulatie –
een – bleek – oudrose in uw speknekken – tot in
uw trog *gourmands* van eigen ruften, uw knorren
is mij dierbaarder dan uw doffe vorige levens –

leg ik mij naast mijn hoofd – onthoofd denker –
poets ik de *lampblack* toppen uwer verbeelding –
draag u goorgele teenslippers aan – weerspreekt mij

niet! – ik jaag de injectienaald mijns voorvoelen diep
in uw varkenshuid, temperatuur u onder uw krulstaart,
ik, veearts die uw maden tot mijn feestmaal noodt

19

vanmiddag verklaarde hun wereld zich
failliet – een hoogtezon van bederf verniste
hun dodensteden – mijn roede dreef een wig
tussen mij en hen die ik blind zou willen pissen

– wie zij zijn zijn zij die – of is dit het zijn
van spoken van wie ik de boze dromen doorzie?
– vlammen van – vleselijke – materie – schijn
van schijn – doorschijnend – zonder melodie

verstomd rumoer – schimmels van hun brakke
stilte – noodverband voor noodkreet en noodweer –
(*mijn pennenveer wipt op en neer*) – in hun kluizen

brandt het geld waaraan hun schimmels plakken –
een wak gaapt in elk gat dat hun brein perforeert
– zulke arme zielen! – die nooit zullen verhuizen!

20

je werd in je hoofd – *hoe* vergat je – hoogzwanger
– van een blozend sonnet – dus op vierhoog,
eerste couplet, is zijn kraamkamer reeds behangen
– op driehoog hijst de feestvlag zich al omhoog:

op die verdieping leg je je *Thema* in haar etalage
(je dochter!), de glazen kist vol doornen en rozen
– met de rest, nageboorte, de bekende ravage
aan inktvlekken, krabbels, doorhalingen en loze

ideeën – nog lager, tweehoog, waar de foetus bewoog
na de paringsdans van zaad- en eicel om hun hete brij,
een vurige tango volgens de wetten der instincten –

daar – geniet – zéér platvloers – Koning Eénoog –
parterre – na van de oerknal in zijn hardgekookte ei,
dit sonnet, couveuse, om niet in het niets te zinken

21

1^{tje}
2^{tje}
1^{tje}
2^{tje}

3^{tje}
4^{tje}
3^{tje}
4^{tje}

5^{je}
6^{je}
7^{tje}

5^{je}
6^{je}
7^{tje}

22

op tilt zitten wachten – op gelukkige regels –
erin- , tussen- , uitwrikken van vreemdere talen
– opzichtig optillen van spekgladde tegels –
fris staren naar – maanzieke – lelies vandalen

– onder die tegels – schimmels – versagen –
inbraak – in je zekerheden – blijven tolereren
– sponningen – rond je blikveld – uitzagen –
met die inbrekers zuivere koffie fingeren –

zolang jij je niet boven jezelf uit gehesen
hebt – (bevraag anders een meester) – slaap
je mefistofelisch – omzichtig – in giftige inkten,

is – intuïtie – die pythia – er fel op gebeten
je te bijten – is je geeuw – nog – niet gaap
genoeg om in zo'n eeuwig sonnet te stinken

23

de oorsprong van uw sonnetten is galactisch,
gij, vallende dwaalsterren – o, zo groot als eieren
dolen ze door uw hersenholten – zeer praktisch –
botsen ze – met nagalm – *bim bam beieren*

als eitjes door uw leiders – ruimte-economisch
freewheelend – over doorschenen wolkenranden
of – inslaand – in schedels met open dak: gnomisch,
makelend in zielsnood – zonder helpende handen

maar met versvoeten – weliswaar in ouwe sokken –
klitten ze in uw nesthaar – of zweren in uw antieke
wonden – om – met u – in uw ruïne – als kloosterlingen

op de maan (*welk sonnet wil met een vrij vers hokken?*)
hier – in deze capsule – elkaar uit te zitten zieken –
en de godganse dag mantrisch dit sonnet te zingen!

24

oorzaam wezen! – bladerend door je stalenboek
verpreutst je leedwezen – als wedergeboortebewijs
besta je je bestaan – flits je – met de zondvloek
tot aan je verhiplip – een kwansuize troostprijs

voor je grimlach – mij lokken onzingbare bossen,
de loomte hunner lanen, tong en huig op de schoen
– om die laaiend groene zooi? – laat af het flossen
van horenddoven – verrekijk mee met mijn visioen!

– uit het loof valt mijn oogglas als een sperwer
uit het tofste berkwit – ware de hemel aarde
vluchtte verlang terug in zijn wortels – vleug

van weedom – het verleden als spelbederver –
tot aan het volgende lustobject – onze behaarde
benullen – ontvlucht aan meug naar heug

25

er is één schim die steeds aan mij ontsnapt
– lyriek houdt haar niet tegen – zij ontvlucht
het woud aan literaire regels en de tucht
van de trimmer naar wie de hellehond hapt

– verjaag ik je, mijn dierbare hersenschim
of nader jij je reisdoel, gekrompen tot stip –
in mij geboekt, met een vergezicht op olim
– ooit veinzend dat jij vast in mij sliep? –

jij hebt geen geweten – beklijft als mijn schaduw
die hinderlijk volgt als ik niet naar je omzie, zodra
ik te ver van je afdwaal – of wanneer ik je schuw –

als ik van streng navelstaren mijn winst uitkeer,
pak jij je koffers – en vertrekt weer naar waar
mijn startschot je finish is – of omgekeerd

26

je schrijft wel – maar – je schrijven is een excuus
om niet te hoeven leven (of dubbel?) – je noteert
onvervulde wensen – die je eerst hebt verteerd –
je ligt – constant – acuut – aan een infuus

van prikkels die jou – allegorisch – transformeren
(*houd de moed erin*): het sonnet is een toernooiveld
– de dichter in harnas – om spionnen af te weren –
of achter dubbelglas: dubbelganger die voor held

speelt – of ligt het anders? – niets dan slijmsporen
nalaat voor een murw bestuurd, stuurloos nageslacht
dat speurt naar wat het hier had kunnen lezen?

– dat ons oor zich ook onze stilte in kan boren –
dat je jezelf eerst offerde voordat je dit offer bracht:
tot op het bot geruïneerd – in het sonnet herrezen

27

vink – je dagen – af – tijd als telraam –
parelsnoer – beslist – geen rozenkrans
– ont- , ont- , ontdoe je van je naam –
je dodenmasker – voor je dodendans –

je gelaat – versteent – zodra je geest voltooid
tot anagram – van leven – niets dan nevel –
zichzelf ophemelt – zich in zichzelf kooit –
zonder spijlen, voor- of achtergevel –

spring – vervolgens – in jezelf – geen vat
heeft tijd – daar – op je – wordt je wereld wijzer
dan je alziend oog met zijn bekrompen lens,

die kwal, stofzuiger, kwab, dat jankgat
in zijn doolhof – je blinde geleider...
tot aan... je oogrand – de ultieme grens

28

een sonnet is een eeuwig graf – onnatuur
in de natuur? – onder soufflerend geboomt'
van geesten – tot een lezer het ontdroomt –
herrezen geraamte, oplaaiend koudvuur?

dwangbuis met stikstof voor vormketters
– lava, onder rijmdwang gestold modelheelal
dat eens uitdijt – onder schijndode letters? –
neutrino's op doorreis tijdens hun vrije val?

– er rest mij niets dan nog dieper te graven
in u – in mij – om ons magma op te diepen
– het lezersoor te peilen als zijn oog afstompt

– er rest mij niets dan goddelijk te schaven –
aan deze eierschaal – zolang u mij hoort piepen –
natuur mij heranimeert of pathetisch oppompt

29

we schrijven – aan ons zelfportret – oostindisch
doof – dubbelblind – met horentjes – en schubben,
dopen ons – in grijze inkt van ogen! – teletubben
ons misselijk – wij wantsen denken – *erfinderisch*,

blijven tanken – via volle kijkglazen – dumpen
ruïnes religie – in fabriekswater – legen de flessen
die al leeg waren – in de leegte – staren pumps –
die hakken butsen in parket – na – bijten bressen

in schuimgebak – spoelen bosjes duizendbladstelen
door de uitvaart – kiekeboeën met verstandskiezen,
rotter dan wodan – verbeelden ons buik te dansen

op alaska met ijsberen wier tranen paarlen kwelen
– om *lustig* met *witwen* te paren die meer te verliezen
hebben dan zichzelf om – incontinent – te *freelancen*

30

oogmensen! – om verbeelding uit u te persen,
zult gij – cyclopen, pittbulls en nijpaarzen –
wat nijpt u toch? – de oliën uwer ziel verversen
of u ontzalven, cerberussen op zevenmijlslaarzen!

van *nil admirari* zijn uw argusogen drachtig –
of tochtig? – ik spoog liever een fluim in uw oog
dan dat ik – haan die over uw vlavlip vloog –
kraaiend – over u mijn *«prachtig, prachtig»*

uitzeek – hoe zie'k uw ikken? bakken neutrino's
– vermoeid door de materie vallend – hun geheime
diensten leverend waarvan u de superboodschappen

nooit ontdekken zult – niet in lollywoods kino's
noch in beeldige schermen die uw ogen lijmen
aan al die gapers die vergaten koek te happen!

31

groei, diamant! – zodra het duister zwetst –
oesters omhelzen – hun parels – ivoren torens,
onkraakbaar – als – daaruit – nog vuur ketst –
uit voorhoofden groeien van faunen de horens

– heug je! – de werkuren van ons vruchtbaar niets-
doen – en hun compost: de oogst van ontbonden
zinnen – onze nachtvlinders – onze luchtfiets –
onze nachtkijkers – onze ontsnoerde monden –

– ingewikkeld schaakspel – van onze sterren het
strooigoed – of goudstof – op ivoorzwart fluweel –
boven de denkzweer die – alom – doorettert –

zolang ik – onze zinnen maar op de lijntjes zet –
en een publiek van nachtegalen – in ons struweel
– tegenzang biedt – tegen werelds geschetter

32

je zou het zo – niet? – zeggen – nee – je zou
het zo – kunnen – zeggen, als je geen – andere
woorden vindt: woorden kunnen – heel gauw –
iets duisters in iets helders veranderen –

vertel mij wat! – nee, ik vertel je nu niks
nieuws (meer) – je weet donders goed dat: als
de geest niet vaardig over je wordt – elke x
of n – je vreemd, onbekend blijft – geen wals

of polka om de hete brij – die – óóit – afkoelen
moet – *misschien* – *bij jou* – als je broos en grijs
bent: met de jaren minder haren en bezwaren

is – er – geen antwoord meer – is bedoelen
niet langer azen op doelen – is de kat al wijs –
opgerold in zijn droom die de hemel beware!

33

nostalgia desirat – *eternitatem* – heremejee,
ik val – pardoes – in mijn oertijd – in de mode
van – zacht knetterende nylons, licht van *denier*,
met – in haar hielen – uitlopende naden: globe

voor de broeierige staar van de vroegrijpe puber –
die tweede huid – gespannen – rond haar kuit
(alsof ik – nu – terugvloei – in haar *longitude* –
haar roodgestifte mond – mijn eerste fuik –

terug! in de nupijn – barst – in de scheerspiegel,
knipoog ik naar mijn vissepupillen toen – als ik
spriethaartjes tot stoppels onthals – haar *voile*

voor de dein van haar poelen waarin ik – liever –
verdronk dan mij te vervelen zonder haar opschik
in mijn veel te vrije tijd – mijn kerncentrale

34

u aanbid ik – heilig altaar, uw frivool corselet, míjn sonnet:
vriesvak – gevangenis – of, liever, deze geluidvrije isoleer
(bevroren – betralied – met medeklinkers gecapitonneerd):
ivoren toren – alchemisch toilet – mijn wieg en doodsbed,

vorm aller vormen: *cortex non sonat* – zowel struif als ei
– ovaal bemin ik u – uw gladheid, plus info: introversie –
streng verboden toegang voor iedere cruyff of van persie –
koelcel voor de heremiet – kluis waarin *panta oe rhei*,

u vrees ik – ontlees ik – sinds u uit uw geboortevlies
brak – rond ook mij af, afdalend in uw hel: uw terzet,
na mijn *chute* – in uw valkuil – zolang uw schedewind

aan uw lipjes ontsnapt – uw mondwater guller wies
over mijn blafferd – als ik – ventiel van uw waterbed –
sissend leegloop – je stroom versnel, troetelkind!

35

de ontknoping – zo begint zij – het aftellen
laat zij over – aan jou – pel jij haar maar af –
als een mandarijntje – eerst het ontvellen –
haar slijmjurk? – de opening van je graf? –

haar lijfje – banden, drukknoopjes, strikken –
(*merk je op hoe haar pupillen zich vernauwen?*)
niet om de illusie van haar onbegrensde ikken,
maar om vrees te ontmantelen, mee te miauwen

aan de krabpaal van haar verlangen – of heb je
haar kippenvel niet zien verschijnen? (een vrouw
die zich aankleedt, verkleedt zich – ook voor ons)

– een vrouw die zich uitkleedt – haast-je-rep-je –
onthult ons – haar leven is – let op haar zinsbouw
zich aan– en uitkleden, *slipstream* voor kameleons

36

is een sonnet welbeschouwd een schilderij?
branding – van kleuren – of breivereniging? –
(is zijn intelligentie ei-gen-lijk een rauw ei?)
orgastisch – plastisch – explosief – bevrediging

van driften die – anders – in hun verfdoos
zouden gisten – giftig – ongedurig – wezens-
vreemd – vluchtige sfeer – *pairidaäza*, altoos
zelftroost ambiërend, als nijhoff tot vervelens

toe in kroos woelend – zoekt het een lijst – muur –
van motieven levend – als je-van-het – van: spréékt
het – desnoods – tegen zijn natuur? – zolang brandt

het in heugenis – meesterwerk dat vonkt – van vuur
dat ons ontdooit – hardt – doorgeurt – passie preekt
– of ons uiteenrukt, oog om oog, roodomrand

37

eenzaamheid opende haar eenpansblik – de opener was
ik – plooien in de gordijnen paarden – in de stamppot
druppelde een traan – mijn oog was een lantaarn voor
verdwaalde voetstappen – ik moest waden door dat

glinsterend goedje – o wat een lichtjes langs die kade –
het waren de eigen tranen die mij bijlichtten – de bittere
helderder dan de zoete – een rij lantaarns langs een stroom
wanen – er is dieper diepte dan gedacht – er is namelijk

stiller stilte dan stilteaanbidders aan kunnen horen – stilte is
slechts geen lawaai – deze was vaster slapende – echo van wat
van mij overwaaide – gapender – naar deze zijde terug in

de woorden die ik weidde – kreeg in mijn leven maar
één revelatie, zonder sluier: ik keek in de centra van mijn
concentratie – en daarin verloor en herwon ik mij

38

al draai ik – mij – om – en om – ik
verkeer – altijd – met mij – kom –
zonder worstelen – boven – slalom
om mijn as – niet misselijk – zaag

over mij – dus – niet door – let op!
– de stopborden! – (ik maal niet om
gelijkenis met jou) – streep door wie ik
was: je stofbril – loep – leesbril – gemaal

– luchtkasteelheer – alarmsignaal? –
beschrijf ik nu mijzelf – of beschrijf ik
het schrijven zelf – dat zich een bril opzet –

mijzelf? om te zien of ik leef? – ik kan mijzelf
met droge ogen aanzien – en – zonder prop
in de mond – of blinddoek – doodzwijgen

39

mijn verfdoos bezit een slaapzaal eironde wiegjes:
zenuwziek trilgeel – bakbruin – lalzwart – roodzaak
– laafpaars – lustgroen – griepwit – plus aanmaak
van motieven met daarin gebral of vuurvliegjes –

baadt mijn ikje in gepeizen, in het tuberculeuze
wit – lanceer ik – rochelend – pijnruimend blauw
inclusief hijgende tongen – marterharige, heuse
snuiters – in het ongediplomeerde grauw?

een verfwinkel bezit niet slechts één kleur –
blik aan blik twinkeleren daar op hun planken
– onpolitiek nog – ingeblikt – uitgebuikt –

mijn kachelzwart gloeit door – rose, souteneur,
heet druipers welkom – verschoten uit de flanken
– mijn verfdoos explodeert: mijn ziel ontluikt

40

ons lijden herbergt geen getal – te ver onder nul
– ofschoon – kleuren vormen een soort algebra:
blauw vergrijst van rood – zonder flauwekul –
rood min oranje smeekt wit – hol van optica –

paars gulpt van violet – baart bruinen – chocola
– oranje met grijs ontroert – tot een sterke cacao
van crème die aan wil liggen bij pruisisch blauw –
van bloedrood rest de mallotige beet van *hopsasa*

onze lepe okers circuleren in ondergaande zonnen
– hun ochtendjurkjes liggen klaar – om af te glijden –
ultramarijn beklimt hitsig haar gewichtige *producers* –

ach, een schilderij! – je denkt: waar ben ik aan begonnen
– of aan isaac israëls (laat zijn ezel door rood licht rijden) –
we zinken in gebroken wit – en sluiten – als oesters

41

je hebt recht op een eigen kop – dito steel, jij
die meegroeit – (slim eetidee) – een nieuwe kijk
op mijn oude mij, je ultieme leeslamp: zodra jij
mij aanknipt – terwijl jij licht toehapt – gelijk

wij ook in elkaars ogen kijken en ernstig raden –
naar elkaars honger – uiteraard van formaat –
is het kookeiland een – niet te versmaden
woon- of verblijfplaats – dus je doodslaapt

gewoon in – in de hoop dat je nooit wakker
wordt, vermerk je: schoonheid snurkt bij zinnen
– mits je bovenkamer je bed wordt en je hoofd

je zolderkamer – ineens heb jij – voorheen stakker –
tijd voor goede gesprekken – (woorden die blinken!)
– poets wel eerst je tanden voordat mijn peertje stooft

42

je leven wordt alleen maar leuker – thuis
is een sleutelwoord voor ruimte – de deur
(op slot!) hoeft jou niet uit – (details zijn ruis)
– geniet na het stoplappen! – er is een keur

aan pluizig, vachtzacht – hoogpolig – tapijt
aanwezig – als je maar *ravissant* om je heen
loert, het daglicht niet verdraagt met de inkijk,
rustgevender dan hoogtezon op je *spleen*! –

incl. blinde muren… – kan het comfortabeler,
zo'n thuisfront met voetenbank? – creativiteit
in allerlei wissellijsten – multifunctionele toverij

– genoeg chemicaliën – ook zeer schadelijke –
speeltjes voor uw huisdier – voor de gezelligheid
als huismus in je draaifauteuil: dingen maken vrij!

43

tussen zulke blauwen – schuiven – grijze streken
zonder strebers die licht wegstrepen – eer gelijk
doodskleden die – zich – verschikken dan dat
zielen hun naaktheid onthullen – waar die

droog snikken – oud zilver tegen tinnegieters
tikkend – o oprechte merels – o wolkenroom –
o blauwe, o rode konen! – uw cactus klemt
zich aan een rotswand – zoals de ambtenaar

zich aan zijn aktetas – ginds druilt ons blauw
weer! – met toefjes pafferig grijs – te groene dalen
in – hun marmeren wangen – de zon zijn gele

huig achter jouw volste lippen – maar voor wie
voor wie toch? onze hobbelpaarden huppelen
dolende lanen uit – aan jachtopzieners ontsnapt!

44

ik schrijf geen gedichten – ik probeer
enkel gedichten te schrijven –
een voltooid gedicht is mislukt –
ik schaaf eraan totdat het mislukt is

– vervolgens verander ik het zo
dat het onaf lijkt en ik mijn pogingen herken
– mij kort de gedachte bespringt dat het af is –
andermaal word ik besprongen – nu

door de hinderlijke gedachte dat het mij
gelukt is een gedicht te schrijven – zodra ik
– na een lange worsteling – tevreden –

constateer dat ik het nooit zal leren stop ik
als iemand die zelf zo onaf is als zijn gedicht
– dat nog steeds geen gedicht is

45

uit het te-re on-ver-teerbare spinrag ont-luikt (zwart
noch rood) witter dan wit brood durende duurder dan
dood in stromende kamers om helzang die, zo, dat zo
(dof lachje) o om o om te groot verdroten zingriet om

de hartkamers zo stromen kamers over in zalen –
een kamer stroomt o str-oomt oo-ooo-verstroomt –
(zwerfstroom) over o ver de mijne binnen o om o om
niet – om alles – om niet – om wederom – o mijn o

zich omzichtig zichzelf te o te o te innen in o in o in
o te innige om-helzang om hel zing zo, dat, zodat alle o
alle o kamers o ja alle om o om o – o niet om niet glimmend

lachen als kamers kunnen glimmen – om te groot parket –
om te groot geheel – om al verdroten bitterzang, verzing,
hartkamer, je schimmelbrood – dood verdurend in spinrag

46

kunsjt! – als ik – ooit – iets doe –
voldoe ik het – later – jaren heb ik
hiervoor gespaard – ik beleg in drempels
– in welke hoek moet ik nu voor straf? –

deze stoel – is niet voor mij bedoeld?
– *schep nieuwe kansen,* kregelde je –
tenslotte spreek ik – via je mailbox –
heb een doel, dat is de kunst, sis je

terug – ik schrijf – met gesloten vuist
– er is altijd een plakje over – al verlies
ik mijn verstand ergens onderweg – blijf!

daar! de rest van je leven – jij kijkt toch graag
in afgronden? – maar wiebel, wiebel niet –
balanceer maar aan de rand – géén kunsjt!

47

in een – droge – zakdoek – sliepen
eens – twee tranen – uit de tranenzee
– twee tranen, gedropt, in de stilste stof
van een – op het strand verloren – zakdoek

– een van pijn – nog een van pijn – van
lieverlee – vermoedelijk de snotlap
van een waaghals – *achter de branding
van twee levens*, dacht de vinder,

een arme jutter, die hem meenam naar
huis – waar zijn vrouw hem waste –
met de hand (de wasmachine was stuk)

– achter de branding van twee levens
wachten twee tranen – uitgedrupt – op
een antwoord: *nee*, buldert de zee, *nee!*

48

zij bezat een jurk
(*niks bijzonders*)
maar groen groen groen!
(*die sprak hem zo aan*)

met witte noppen
(*wat kon dieper zijn merg binnenglippen?*)
dus vroeg hij haar

(*zodat die noppen dansen konden*)
trek die vandaag voor mij aan!
(*zij trok zich van zijn plezier niets aan*)

kon een herinnering zich
een jurk aantrekken
zou zij nog voor hem staan

49

er wordt in de winkels te weinig gekocht – er
wordt in het zoeken te weinig gezocht – ik doel-
dool en dooldoel – ik zie teveel in dit leven om
aan de belasting op te geven – er toont zich teveel

toonbank – er bieden zich voor mijn kiezen teveel
meergranen aan – ik durfal ik zie te weinig in dit leven
om mijn leven voor te geven ik kruip waar ik niet
gaan kan dus kruip ik – ik zit waar ik niet staan kan

dus zit ik, goed – er wordt teveel korting gegeven maar
te weinig afgerekend – ook een afgeprijsde jurk kruipt
op tot zover het oog reikt – er zijn te weinig superrijken

aan fantasie er zijn teveel armen van geest om op een houtje
te kunnen bijten – er loopt door het vinden te weinig pad
– er wordt in het zoeken te weinig gezocht

50

als een inbreker die het ruitje in mijn concentratie
forceert of een aanbidster die mij – al te frequent –
in mijn cel bezoekt – om mijn argeloosheid tot passie
voor haar te laten rijpen – doorflitst mij de gedachte

dat hersenen darmen zijn die ons van overtollige
indrukken ontlasten – zou die inbreker vragen: *waarom
deel je de mensheid in vorken, lepels, messen in?* antwoordde
ik: *messen snijden op, lepels scheppen op, vorken prikken*

door – mensheid als bestek aan een avondmaal van
onverteerde spinsels, ondanks hangop en ondermelk
geen *corpus* geworden – herkauw ik hun klieken –

als een hond – ongehoorzaam zodra zijn stinkende
tractatie, ons galgemaal, zijn natte neus lokt – ben
ik – receptief voor de genade van de inbraak

51

hij geeft het op: ontspant als een veer
(ex-cipier van beroep) deelt nu peren
uit aan wie hem kwetsen – controleert
alleen nog wie hem trachten te bekeren –

zijn zelf beheerst hem – dit is geen ironie –
hij wierp het af, zijn rugzakje met prullen,
't eerst hardleersheid: kin buigt al tot knie –
koestert bloedernst – na levenslang stom lullen

– hij wordt nu mens – transformatie van zijn *es* –
waakzaam leven is te gevaarlijk voor beveiligers,
als voor een auteur die enkel *tatoeages* schreef,

steeds vergat te denken aan zijn verste lezeres,
zo een die gedichten schrijft – of zoiets heiligs
– stante pede wordt ze zijn leerling – voor de *wave*!

52

ik ging er niet met een positief gevoel heen – *ik*
had er niet van terug – *ik*, bederfelijk ongerief,
drilboor, vermomd als mug – *ik* moest er
doorheen – aan minder waren *jullie*

bezweken – behoor *ik* tot de extreem rijken,
zo doorzichtig door steen heen? *ik* heb het gered –
mij kostte het niet veel – niets hoefde *ik* aan te geven
– ondergronds weenden de onverlosten,

halfdoden, nooit teruggekeerd van vakantie –
dit viel mij – ofschoon ondeelbaar – ten deel
op een zeer zonnige baaldag in onze cultuur

– zoals beschreven bladeren vallen
na hun kleurterreur ze kennen hun plek
– in duistere nissen of zonnevlek

53

verenigd – in alle staten – stoethaspelen wij
door onvrije werelden – voor een ondergrondse
wereldkaart gaan wij! – bergen ons in rijstebrij –
onkorrelig – poetsen uitspansel – bibelebonse

talen sprekend – per dwangbuis, cocon of capsule
– juppiterritoriaal – langs de zure yoghurtoevers
van melkwegen – nee, geen grap! – somnambule
reisjes voor 3 dagen inclusief a.s. moeders –

hulde, hulde! lekken de melkmuilen die – die
die ook! – altijd in voor een kannibalendiner –
broodjes oorlog – een mittrailleurvurige melodie

– het onderste uit de hersenpan – tegen de melkzee
klimopenen? – maar eleganter – zoals de zangeres die
een-twee-drie auditeert als vrouwtje piggelmee

Theatergedichten

I

achter coulissen: kale klerenhangers, ongeschminkte
humeuren – geprevelde clauzen – wangen ongepoederd –
krokodillentranen – ongestifte lippen – in de uitkleedkamer
van de stilte gelaten in de spiegel: zich vervreemden van

zichzelf, flauwekullen alsof je, verkleed, *automatisch* iemand
bent: ronddrentelen, oude kinderliedjes zingen om jezelf
te troosten omdat jeugd alleen in oudst gevoel bestaat – laat
nu maar wilde beesten opdraven, hinnikende actrices,

de trompetterende *jeune premier* – onder de gordijnen kruipt
al de rinse stroop van applaus: *zo langzaam komen ook wij op*
om iets voor te stellen met een begin en einde, om lolbroeken

uit te lachen, hun tranen in te vriezen achter de bolle ogen
van onprinselijke kikkers en hun maagpatiënten – op
de eerste rij kijken familieleden van acteurs *gereserveerd*

II

de zaal loopt vol, voller, volst – *uitverkocht* –
schouwburgdirectrices worden drachtig van zulk
vruchtbaar publiek, van alle leeftijden tot tachtig
plus – de *protagonist* – een olifant – steekt zijn slurf

in elke knip, spuit – zonder wisselgeld retour –
alle revenuen op de grote hoop – emotionele
uitverkoop als gevolg: beren spelen tuba, giraffen
knakken hun halzen, van kameleons, van nature

costumières, blijkt het hartebloed pruisisch blauw
– gorilla's laten wie niks geven willen stikken – u zou
uw leven ervoor hebben gegeven hierbij aanwezig

te zijn *geweest* – totdat – het is bij de beesten af – konijnen
of hazen – van hieraf niet te zien – van gemeentewerken? –
het theater met bladblazers leeg leger leegst blazen

III

in ons amfitheater biedt elke zitplaats een neksteun –
aan spirituelen multikoleer klankbehang: een deun
van *glass* of *reich*, onze gemartelde oren tot steun –
voor bij *ten holt* een geluiddichte couveuse of i-föhn

laatste rijen zijn bezet door het leger des heils – zijn recruten
schieten gericht op ieder die op het *proscenium* iets voorstelt,
met meningen vrijt – *wow!* – of, *incognito*, zelfs als roerijzer,
snelkookpan, rasp of schietschijf – voor hun bestwil – voorste

rijen zijn bezet door censoren en wie bloedworst lust – zo
leren zij tv-kijkers zwemmen in hun fuik – of door hard
te klappen of het niets is – valt het doek valt, strompelen

de zwaarst gewonde acteurs naar voren om onder slot-
applaus te bezwijken, stappen ouvreuses meebrullend uit
haar lingerie als *deus ex machina* oprijst uit zijn valluik

IV

opgedirkte dozen met zwierige linten wurmen
zich – te laat! – de zaal in – het roerige publiek draait
zijn hoofden *en masse* om – verheugd niet meer *naar*
naar de planken te hoeven staren waar gedrogeerde

shemales op *hiphop* met zichzelf copuleren – zaalwachten
sissen *ssst* – acteurs smeken om aandacht – er wordt
een neushoorn ingezet die dubbelrollen en zelfs méér
rollen tegelijk kan spelen: *kop-van-jut, de dood van*

pierlala, of, als het moet, drie dubbele – persmuskieten
tonen solidair verbazing – één toeschouwer, zich noemende
halve zoolstra – niet tijdig verzoold – schiet nog op

uitgebluste cultuurpausen die dra op sterven na dood
in het gangpad duurzaam kreperen – de zaal loopt
doods, doder, doodst – de nood van aap en mies

V

gezoem zwelt aan, jongerenkoren van bijen – grime
craqueleert bij het ritselen van programma's – mierenmeuk,
gij werkt vrij en onverveerd mee aan dit programma,
een klucht voor plattelandsjongeren: *van de koe die zuchtte*

– dit successtuk bestaat uit louter zuchten in *high density* –
leunen jullie nu achterover in het pluche: *oh, een wim t.
schippers, schrijversdrama* met toegift: kuchjes van grieperige
pensionada's, de costa brava ontvlucht – raad wie opkomt:

het pandabeertje – *de schat!* – dat met een klauw uithaalt
naar de theaterdirecteur van dit gesticht voor figuranten
met ingekorte lontjes – trapten die in iets bruins en raars?

Nee, het is *pauze* – in het toilet kammen kamelen
elkaars schaamhaar – treedt stavast publiek op: wij
allen zijn acteurs – maken bankmeneren uw geld waar

VI

voorste rijen bleven onbezet, ofschoon bevriende
theaters alle dierentuindieren hadden ingezet –
hun oppassers klagen dat hun een komedie in plaats
van een drama is voorgezet – de familie papegaai

souffleert slechte adem uit hun gaapgat – uit het publiek
komen liederlijke dialogen aanwaaien – muggenkoren
zoemen veel te vette psalmen – acht dirigenten en zeven
hoempaorkesten oefenen op het twaalftoonstelsel –

merg pijpt been! suffragettes vullen lege kinderhandjes
met koeievlaaien om naar blasfemisch kraaiende diva's
te keilen – op het doodsbleek achterdoek loopt een film

met schimmels onder vluchtende regenwulpen
die kinderkopjes onderschijten – *zodra het doek viel,*
viel de productie mee, schreef de verzamelde pers

VII

al hoort niemand het succes daveren, het slotapplaus
knalt alle doppen uit 's lands oren: *hier is iets vreemds
aan de hand,* concluderen commentatoren – een soort
binnenbrand in fabeltjesland? kerndooi in dodewaard?

neu, het is *much* fundamenteler – bereikt het – daarom?
– nooit? – de media – *domdom!* – niets nieuws dus – uiterst
theatrale, acteurvriendelijke dieren – hun stigmata
– raken nooit uitgespeeld – onder hoogspanning – of

soms in *plusfours* – hun roedelleiders spelen doktertje,
bloot natuurlijk – in hecht maandverband – ruilen parels
in voor zwijnen – gerede twijfel voor open deuren –

zonder spatjes berouw – met getraliede dovemansoren –
loeren ze – niet van gisteren – met gloeiende bellefleuren
en hun derde oog – naar de huidige dag van vandaag

Kwatrijnen

...

vers uit zijn vlies – tastte – eerst – ons blote oog –
geen maat bestond/bestaat waar het voor-over-boog-
buigt – waarom, meter, beperkte je de vrijere ruimte:
zo keek je – zag niets – kende – mat – maar… loog

het mondt > het tongt > het keelt > het huigt
> de hart > het klept > de bloed de vaat > zin vuigt
> de rijmt het de radixkale bloedblode wijnhart >
de oogt > irist > pupilt > het weent: zuigtuig

...

in je bewustzijn – wordt je onbewuste zich bewust
als *ik* – nooit raak je – yoginees – in jezelf – uitgerust,
tenzij in *google chrome*, dat bijziend arendsoog – zoog
je lust! – waarvan die droomt? – als branding van kust

droom klotst eigen oevers aan – je splinter
drijft mee – droomafwaarts – nimmer winter
aan die melkzee, nee, kamerwater – meer duchter
dan dichter! – *ocellus!* kwal! – mede-oppimper!

...

uit ritme is veel – lichts – & goeds – geboren – wolkenloze
gedachten – nevelige *formats* – chaostheorieën voor voze
statistici – uitgeloogde logici – kraaienwippende *histriones*
keilend met spaarvarkens – actiespaarpunten – neprozen

geef mij – heden – mijn dagelijks oog – ik besta
– als bestand – niet gering – kom mij maar te na
zonder halsband – voor wie was ik geen maaltijd
of abracadabra, *eureka* of wijn? – *qualitate qua*

...

nooit heerste – aan wil tot macht – wereldwijd gebrek
– bij machtshonger versprong… je blinde vlek… –
kliefde staar: waar liefde haar oogoperaties verricht
lekken haarvaten helder zien: in verstek en bestek

dames van betekenis! – een drug is mijn rijmdwang –
liever ongrammaticaler te leven! – leent mijn aandrijfstang!
doopt uw oogschaduwstift – *hottest* wapen – in oogwijn –
blust uw mond met uw roodste lippen – wang ik uw wang!

...

van hun boze oog – leerde je – de grammatica –
leerden zij – zindelijkheid – niet van hun mamma?
– de kunst – niet gelijk aan hen te worden –
zie – die kwade inborst – als hun *fata morgana*

broeder – onlief woord – geworden – zegt het niet voort,
zusters! – ont-eigend boert hij in zelfzwelg – lustmoordt,
verkracht verbeelding – knort – slagersvreugd in slijm,
bloed – on-vermogend spooklacht, moddert hij voort!

. . .

meer slaapwandeling dan zelfherinnering – meer bast
dan pantser – meer kippenvel dan slangenhuid – al was 't
gezien niet ingezien vanuit je kraaiennest: meer haper
dan stroomlijn – buitengaats, gebonden aan je mast!

intelligentsia! – *diligentia?* leproze breinen! meer heisa
& metamorfosen *in artibus*: geen dikbil maar een geisha
bij ons spinazieacademisch diner – we vallen appelflauw
van jullie, *mes bourgeois* – titulaire grieten, open je kassa!

...

een *derde* oog – onder kleding draagbaar – materiaal
flexibel, regelbaar, geruisloos – kunststof – voor optimaal
genot – lengte 6,5 cm, doorsnede 3 cm – *eva's sluimerschelp*
op batterijen, traploos instelbaar, € 36,95, uw sidderideaal

is je wijbewabbewulle aan het wafelbakken? Of
verdraagt je snaphaan geen *néverippie* als kunststof?
gij, knisperds – stop met stoeien en knoeien, zolang
je d'r tintelteeltje niet met navelzucht opdoft

...

daad kleeft – aan elk woord dat overleeft – aldus:
bespaar me je roman-tics niet – zwijmel, ezelin, je kus
vervluchtigt – niet je lust – wanneer je me ooit weerziet –
hijs ik je uit je harnas (hartstaal smelt!): *secret service*

ooghoekspionne, loog je oogwit – lak aan blikken
die verstrelen – schiet op, tuur maar opzij: in mijn dikke
pret – jij mag verschelen, snijbloem – je glimlicht *mailen*,
malle meid! – jij bezit meer jurken dan ik ikken

. . .

van oog, spiegel > oor, lam > mond, dood: blufkoek?
(traanbrouwerij – oorzichtig leed, wezen!) – van zoek
van verlangen! naar doorlicht bestaan? – monomaan
moveert zielsdriet – ver uw wortels in – om hoger bezoek?

de keren – dat ik – *insula* – uit mijn isoleer
uitbrak – (mijzelf luchtte) – via jouw trapleer –
is meer dan wisselen van gevang: gestorven in
mijn inkt – maar herboren in jouw hemelsfeer

. . .

als je alleen bent en je verslikt je – niemand klopt
aan (holler geen huis) – zelfs niemand die jou doodschopt
(reken maar uit: straatvolk hoort nooit huiselijk geluid!)
– ram dan jezelf – flink – op de borst – tot je ontstopt

mensenkind – ladenlichter – afgerichte gemakzuchter
– ontslak je mikmak – vernuft je oogsnik – zij duchter
met zoeklicht – wacht je voor *toren* & lillende lichten
van dolende zielen – verroest – of – ontnuchter

. . .

ondoden heten ons welkom – leuk, maar… – eerst – klinken
wij mede – op ons oog – voordat we piepend *hoi!* aanvinken
om – nippend aan ambrozijn – of levertraan – tot geneugt
van een diepzeeg'd – verdriet uit zijn vergiet te drinken

graf – schrift ontschrijft zich – nooit genoeg gelezen!
– alpha beet omega – jij, dood, zult je niet bar vervelen
in 't leven, leest met gesloten kap – in wederkerende stof?
doodste dood, je liegt! – jij bent niet belezen!

...

geestenziener – ja! – mits met de blaf der *orewoet* –
geen opticien! – eer reiger op – één – geheven zwelvoet
turend onder elk oppervlak: naar ongebakken visjes –
zweert hij – bij zijn maag – & laadt & lost – *sans doute*

ziel, naaktslak – nooit vorder jij – ook mij bekruipt asfalt –
zolang overzij en mij niet zijn verbonden – het groen schalt
dezerzijds – zolang ik niet afreis, je slijmspoor terugvolg,
ontrol ik mij aan je huis – tenzij jij deze weg versmalt

...

oog, vomeer – ont-straal – loods ons – oogmoed –
oogst, lyrische hummels! oh loos, bloosaardig bloed –
zoetgebekte – ons onder – droste-effect – o zo ont- – om
zo metelijk – onmaagdelijk *omen*, kortgelaarsde versvoet!

hoog in de bol – arendsoog – ver onder de vijfde –
gestegen boven de derde – *supra* – *circa* – lijfden
we de vierde in – in het ongerede – langs sportloze
tongladders – zonder stamtijden of recordlijven

...

of willen jullie dat ik mij diep schaam
als opvolger van de volprezen omar kayyam?
ik goot lichtere, heidense wijnen in dezelfde zakken
die wijsheid pachtten – van christendom tot islam

Varia

tiedeldom

nooit schreef je op wat
je wou – watjekouw! – je schreef
– *hop, twitter, twitter, hop!* –
wat wie in de put zit
ontstoppen zou –

ooit dacht je te denken
wat je denken wilde – je dacht
– *twiet, twiet, twiet!* –
dat de rust waarin je berusten
wilde je vullen zou – maar ze trilde –

toen besloot je te springen
in de magische cirkel waarin je ooit
touwtje sprong – en je merkte
– *tiedeldom, tiedeldom!* –
dat je nog steeds ontspringt
aan je oorsprong

scherven

opgedroogd in oostindisch dove inkt
is een feit   voldongen
       pijnvrij
hij is   gesprongen
      door zijn spiegel
zijn echo verried hoe dat klinkt

hij vergeet   niet over zijn schouder
       echter
om naar de scherven geluk te zien
tijdens de sprong   goed gelukt
       in zichzelf
wordt hij voortdurend nooit ouder

naadloos herstelt zich   – niemand
       zijn spiegelend beeld
durft hem te imiteren of op te volgen
blust   een wereldbrand?
      een spiegel

te gretige kijkers daarnaar worden   verzwolgen
       aandachtig
en hij? ziet
      de achterkant van zijn hoofd

random liggen de   lijken
            levende?
van hen die hem   uitlachten   uit ongeloof
sinds is hij een spiegel die zichzelf kan bekijken
– bekijk het maar

zelfportret

ik had de winter
de herfst en de lente lief
ik was de zomer dus was de zomer
mijn tragiek

Verantwoording

Sommige gedichten, hier vaak gewijzigd, verschenen eerder in de miniseries (omvang veertien blz.) *Zwaneveren* en *Condorveren* in zeer beperkte oplagen (50 exemplaren) bij uitgeverij Leida of als voorpublicaties in het internettijdschrift *SKUT.*

Met dank aan Tommy van Avermaete en het internettijdschrift *SKUT.*

www.ingramcontent.com/pod-product-compliance
Lightning Source LLC
Chambersburg PA
CBHW021509090426
42739CB00007B/532